LA LOI

SUR LES

TROUPES COLONIALES

PARIS
LIBRAIRIE MILITAIRE DE L. BAUDOIN ET Ce
LIBRAIRES-ÉDITEURS
30, Rue et Passage Dauphine, 30

1885

LA LOI

SUR LES

TROUPES COLONIALES

Extrait du **Journal des Sciences militaires.**

(Août 1885.)

Paris. — Imprimerie L. Baudoin et Ce, rue Christine, 2.

LA LOI

SUR LES

TROUPES COLONIALES

PARIS
LIBRAIRIE MILITAIRE DE L. BAUDOIN ET Ce
LIBRAIRES-ÉDITEURS
30, Rue et Passage Dauphine, 30

1885

LA

LOI SUR LES TROUPES COLONIALES.

On se souvient que lorsqu'il s'agit d'occuper la Tunisie, on désigna, pour prendre part à l'expédition, un certain nombre de demi-régiments d'infanterie empruntés aux corps d'armée stationnés dans le Midi. Ces demi-régiments furent formés à deux bataillons; les régiments qui les fournirent conservèrent ainsi au lieu de leur garnison leurs deux autres bataillons et leurs compagnies de dépôt.

Ces mesures soulevèrent les critiques les plus vives, et, on peut le dire, les plus passionnées. Ceux qui les blâmèrent prétendirent que si une guerre générale venait à éclater, il ne serait plus possible d'encadrer les réservistes appartenant aux régiments ainsi morcelés, et que, dès lors, quelques-uns de nos corps d'armée se trouveraient désemparés; ou bien que si l'on avait recours à des formations du moment pour les remettre au complet, les régiments auxquels ces formations seraient appliquées n'auraient qu'une médiocre consistance. D'autre part, les défenseurs, assez rares, du reste, de ces mesures, se bornèrent à répondre que bien certainement des dispositions avaient été prises pour obvier à ces inconvénients, mais personne ne put dire en quoi elles consistaient, et finalement le Ministre de la guerre d'alors se décida à rappeler les demi-régiments et à les remplacer par des 4es bataillons pris un peu partout, donnant ainsi le droit de croire, aux uns, que sa décision impliquait l'aveu d'une faute commise, et aux autres qu'il avait simplement été mû par le désir de donner satisfaction à un mouvement plus ou moins conscient de l'opinion publique.

Dans tous les cas, à ce moment, il ne vint certainement à

l'idée de personne que de tels errements pussent être de sitôt repris, et c'est cependant ce qui vient d'être fait pour la formation de la division de réserve du corps expéditionnaire du Tonkin, réunie récemment aux environs de Marseille. Cette division se compose, en effet, de quatre demi-régiments d'infanterie, provenant de quatre corps d'armée différents de la région de l'Ouest. Mais, cette fois, on s'est à peu près borné à enregistrer le fait, et personne n'a fait même remarquer que les prétendus inconvénients, au sujet desquels on avait fait tant de bruit précédemment, étaient devenus plus sérieux, attendu que les régiment choisis, ayant déjà l'un de leurs bataillons détaché comme bataillon de forteresse, ne laissaient plus dans leur garnison qu'un bataillon avec les compagnies de dépôt, c'est-à-dire six compagnies seulement.

Il n'est guère probable que le public, et surtout le public militaire, en soit arrivé à se désintéresser de ces sortes de questions, et on doit supposer que le silence relatif gardé sur celle-ci tient à ce que le bruit a couru que les demi-régiments mobilisés seraient remplacés, s'ils devaient réellement marcher, par des bataillons provisoires obtenus par le groupement d'un nombre convenable de compagnies de dépôt prises dans divers régiments. De la sorte, l'intégrité numérique de nos forces de première ligne allait se trouver rétablie. Peut-être aussi s'est-on enfin aperçu qu'en somme la sécurité du pays n'était point compromise parce que 4 de nos régiments sur 144 couraient le risque de se mobiliser, le cas échéant, un peu moins facilement que les autres, et de présenter une moindre consistance. Mais il n'en est pas moins très regrettable qu'avec une armée aussi richement pourvue en cadres que la nôtre, on ait été contraint de recourir encore à de tels procédés pour organiser cette division, et que l'on ait ajouté ainsi de nouveaux expédients à la série de ceux qu'il a fallu subir pour constituer le corps expéditionnaire lui-même, dans lequel on voit figurer aujourd'hui un échantillon de toutes les subdivisions de l'arme de l'infanterie, tandis que d'autres armes et des plus utiles, telles, par exemple, que les troupes du génie, n'y ont été primitivement représentées que dans les proportions les plus infimes.

Nous en étions là de nos réflexions sur ce point quand est venue, devant la Chambre des députés, la discussion de la loi, à l'étude depuis si longtemps, sur l'organisation des troupes coloniales, et au sujet de laquelle nous nous proposons de présenter aujourd'hui quelques observations. Au moment où nous écrivons, elle n'a été votée encore qu'en première lecture, et il est fort possible qu'elle subisse de sérieuses modifications en parcourant le reste de la filière parlementaire; mais, dès maintenant, il est facile de prévoir qu'à bien des égards, et notamment des moyens de constituer des corps expéditionnaires tels que celui du Tonkin, elle n'ajoutera pas grand'chose à nos ressources actuelles, et ne contribuera guère à donner aux cadres de notre armée l'élasticité qui leur fait si complètement défaut. Elle a été d'ailleurs qualifiée, à la Chambre même, loi de transaction ou de transition; cela veut dire sans doute qu'elle sera remaniée aussitôt que votée; que nous pouvons, par conséquent, en parler à notre aise, et que, si tardives qu'elles soient, nos observations ne seront pas complètement dépourvues d'opportunité.

Le trait le plus saillant, sans contredit, de la nouvelle loi porte sur le passage des troupes de la marine à l'armée de terre; c'est du moins la question qui a été le plus longuement et le plus sérieusement discutée. Cependant, il n'est pas encore démontré pour tout le monde que la somme des avantages qui découleront de l'application de cette mesure, soit supérieure à celle des inconvénients. Ainsi, parmi les avantages et à leur tête, on range habituellement l'impossibilité dans laquelle la marine, réduite à ses officiers de vaisseau et à ses matelots, se trouvera désormais d'engager des opérations de guerre de quelque importance et de nature autre que celles qui sont naturellement de son ressort. Il semble, en effet, que le pays ne pourra qu'y gagner; car la bravoure, le talent et toutes les brillantes qualités militaires dont nos marins sont si libéralement doués, et dont tout récemment encore ils viennent de donner tant de preuves, ne suffisent généralement pas pour mener ces opérations à bonne fin : il faut encore y appliquer des moyens matériels dont ils n'ont jamais disposé, dont ils ne sont pas habitués à se servir et dont ils ne pourraient être dotés en permanence qu'à très grands frais. Mais, d'un autre côté, la plupart de nos établissements d'outre-mer, de nos colonies, n'ont de valeur militaire qu'au point de vue de la guerre maritime, et, par conséquent, les marins sont meilleurs juges que qui ce soit de l'importance que l'on doit y attacher et des sacrifices que l'on doit faire pour les défendre; dès lors, les troupes de l'armée de terre qui viendront y tenir garnison y seront toujours dépaysées; la moindre décision de leur chef devra être toujours concertée à l'avance avec ceux de la marine, et l'avis de ceux-ci devra, dans la plupart des cas, être prépondérant; il en résultera nécessairement des tiraillements, des conflits peut-être, seulement désagréables pour tous en temps de paix, mais qui, en temps de guerre, peuvent avoir les conséquences les plus graves.

Bien d'autres arguments ayant aussi une grande valeur ont été produits pour ou contre dans le cours de la discussion, et si nous ne cherchons pas à les rappeler ici, c'est d'abord parce que nous supposons que tout le monde les connaît, puis aussi parce que nous sommes de ceux que leur ensemble n'a point convaincus, et parce qu'enfin ceux que nous venons de citer suffisent pour faire naître l'idée d'une solution moyenne qui, pour être moins radicale que celle qu'a donnée la nouvelle loi, ne nous en paraît pas moins préférable et même plus efficace. Cette solution consiste à diviser nos colonies en deux catégories. La première, comprenant celles dans lesquelles le maintien de notre domination et son extension probable exigent un certain déploiement de forces militaires, serait attribuée au département de la guerre et soumise à peu près au régime adopté en Algérie; la marine conserverait, bien entendu, les établissements nécessaires pour exercer son action navale dans ces régions. La seconde catégorie comprendrait toutes les autres colonies, et notamment celles qui sont avant tout des positions stratégiques maritimes; la marine continuerait à être chargée exclusivement de leur défense, de l'entretien de leurs garnisons, et, par conséquent, elle conserverait à cet effet les troupes dont elle aurait besoin. Comme on le verra plus loin, nous estimons qu'il suffirait de lui laisser à peu près la moitié des troupes d'infanterie et d'artillerie qu'elle possède en ce moment, et qui seraient ainsi ramenées à l'effectif qu'elles avaient il y a une trentaine d'années, ce qui en rendrait le recrutement plus facile. De cette façon aussi chacun serait mis à sa place et aurait la part d'action qui lui revient normalement et logiquement; on aurait raison d'une partie des inconvénients de l'organisation actuelle, et notamment de ceux résultant de la composition des cadres d'officiers, qui restent insuffisants malgré l'extension énorme qu'ils ont reçue en ces dernières années ; enfin, la marine n'aurait pas à se séparer de troupes qu'elle a créées, dont le passé glorieux fait partie de son patrimoine, et qu'elle n'abandonne visiblement aujourd'hui qu'avec le plus vif regret.

Un autre point très important aussi de la nouvelle loi détermine le mode de recrutement des troupes coloniales. Les dispositions qu'elle édicte à ce sujet, et qui sont aussi bien d'ordre social ou politique que d'ordre militaire, tendent à supprimer, ou tout au moins à alléger, le fardeau que ce recrutement fait peser sur les populations; elles tendent également, dans l'hypothèse de l'adoption prochaine du service de trois ans, à introduire dans ces troupes des soldats plus âgés que ceux des contingents et plus aptes à supporter les rigueurs du climat de la plupart des colonies. Pour atteindre ce dernier résultat, les engagements et les rengagements à prix d'argent seront autorisés sur la plus grande échelle que possible ; des emplois civils et des concessions de terre seront en outre accordés aux soldats à l'expiration de leur service. Si ces moyens restent insuffisants, si les volontaires ne se présentent pas en aussi grand nombre qu'il est nécessaire, on se procurera le complément en le prélevant, comme on l'a fait jusqu'à présent, sur les hommes du contingent ordinaire désignés par le tirage au sort; mais ceux qui seront ainsi choisis auront le droit de permuter avec des jeunes gens de la même classe de recrutement. La permutation se fera ou non à prix d'argent; la loi, du moins, ne porte aucune restriction à cet égard. Enfin, le même système sera appliqué aux corps de l'armée d'Afrique, en ce qui concerne les primes d'engagement et de rengagement.

De toutes les manières donc, l'élément mercenaire sera introduit, de par la loi, dans une partie de notre armée. Pour notre compte, nous sommes loin de nous en plaindre, parce qu'il n'y a absolument rien de déshonorant à servir son pays à prix d'argent, parce qu'à notre avis et au point de vue moral ou patriotique, nos anciens remplaçants étaient plus intéressants que les remplacés; puis, parce qu'en définitive l'épithète mal sonnante dont il s'agit peut, comme on l'a fait remarquer justement avant nous, être appliquée aux officiers, aux sous-officiers rengagés, et en général à tous ceux qui vivent de leur profession ou de leur métier aussi bien au service de l'État qu'à celui des particuliers, et cependant personne ne doute pour cela de leur honorabilité. Seulement, il y a bien des raisons de craindre que ces dispositions de loi ne produisent pas tout l'effet espéré; peut-être décideront-elles un certain nombre de jeunes gens à l'esprit aventureux à s'engager dans les troupes coloniales, mais on peut prévoir, sans être un grand prophète, que les rengagés, c'est-à-dire ceux que l'on a réellement intérêt à attirer, n'y afflueront pas, à moins qu'on ne les paie très chèrement et à un taux infiniment plus élevé que celui dont on a parlé. Toutefois nous reconnaissons qu'il n'y a pas grand inconvénient à tenter l'expérience, puisque en cas de non-réussite on aura toujours la ressource de recourir aux hommes du contingent ordinaire, mesure extrême qui aurait pu d'ailleurs être très atténuée, si, contrairement à la décision si extraordinaire qu'elle a prise, la Chambre des députés avait appliqué la loi commune du recrutement à certaines de nos colonies, comme l'avaient demandé leurs représentants, et avait admis l'incorporation dans les troupes coloniales de leurs contingents.

La décision de la Chambre à cet égard, renouvelée lors de la discussion en seconde lecture de la loi générale du recrutement, est restée inexplicable pour nous, ou, du moins, les arguments qui ont été produits pour la justifier nous ont paru si peu concluants, que nous avons dû supposer qu'il y en avait d'autres d'une véritable valeur, mais que l'on ne tenait pas à livrer à la publicité. Parmi les motifs qui ont été plus ou moins nettement donnés, nous ne retiendrons ici que celui-ci : c'est qu'en incorporant dans les troupes coloniales les contingents provenant des colonies, on risquerait de leur donner le caractère de troupes locales avec tous les inconvénients qui en dérivent, lesquels seraient aggravés par les divisions de races qui existent encore, paraît-il, dans quelques-unes de nos colonies. Or, pendant la période du service actif, ces inconvénients seraient facilement évités en dépaysant les contingents, et, comme on l'a démontré, les frais de cette mesure seraient inférieurs aux dépenses qu'il faudra faire pour primer les rengagements. D'un autre côté, la période du service actif, que l'on devrait plus justement qualifier de période d'instruction et d'éducation militaire, n'est plus qu'un épisode assez court du service que doit fournir aujourd'hui chaque citoyen; ce sont les réserves qui sont le fond des armées modernes, et lorsque en temps de guerre elles seront appelées, les hommes déjà en activité de service s'y trouveront noyés en quelque sorte, si bien que, bon gré mal gré, nos colonies devront être défendues par leurs propres enfants. Toutes les combinaisons que l'on voudra imaginer, y compris celle du service réduit à un an qui a été adoptée, n'empêcheront pas cette éventualité de se produire fatalement, et, pour notre compte, nous avons toutes raisons de croire que le rejet de la proposition si patriotique des députés des colonies n'est autre chose qu'un simple ajournement.

La Chambre des députés n'a pas été plus heureusement inspirée en décidant que les régiments d'infanterie et d'artillerie de marine passeront, tels quels, à l'armée de terre, et, par conséquent, en repoussant la proposition faite par le Ministre de la guerre de dédoubler ces régiments. Cette mesure avait le double avantage d'éviter les formations incessantes de bataillons ou de régiments dits de marche, c'est-à-dire de corps sans cohésion, et de faciliter l'entrée des troupes coloniales dans nos corps d'armée, en cas de mobilisation générale; on l'a rejeté, paraît-il, pour ne point créer de nouveaux états-majors et de nouveaux pelotons hors rang. Le vote de la Chambre a été visiblement influencé ici par cette idée, accréditée par les admirateurs quand même, trop nombreux chez nous, de l'organisation allemande, que notre armée se trouve déjà encombrée de non-valeurs et de non-combattants; ce qui est absolument contraire à la vérité, ainsi qu'il est facile de le démontrer, en ce qui concerne, du moins lesdits pelotons hors rang [1]. Quoiqu'il en soit, l'organisa-

---

[1] D'après un tableau d'effectif de l'armée allemande sur le pied de paix, donné par la *Revue militaire de l'Etranger* (n° 566, pages 6 et 8), le nombre des hommes de troupe faisant partie de ce que nous appelons les pelotons hors rang, et celui des musiciens, tambours et clairons, s'élève à 27,000 ; il n'est chez nous que de 24,000, en tenant compte des formations prévues pour l'armée d'Afrique par la nouvelle loi. Mais si on pouvait aller au fond des choses, la différence s'accentuerait encore en notre faveur. Ainsi, par exemple, les règlements n'attribuent aux régiments d'infanterie allemande, sauf à ceux

tion des régiments de la marine ne sera pas modifiée par leur passage à l'armée de terre, et ils conserveront même leur nom, bien que cela puisse induire en erreur sur leur destination. Toutefois les régiments d'infanterie, qui comptent chacun 40 à 45 compagnies, seront ramenés à 36 compagnies formant, par régiment, 9 bataillons dont 1 de dépôt. Quant au régiment d'artillerie, il arrivera avec 28 batteries, dont 6 montées, et, ce qui nous paraît un comble, on lui adjoindra encore 2 compagnies d'ouvriers, dont la marine n'a plus que faire. Indépendamment donc de son effectif démesuré, on verra dans ce régiment le mélange de troupes de campagne et de troupes de siège que l'on a tant de mal à faire disparaître dans l'armée de terre, par la création des bataillons d'artillerie de forteresse. En outre, le service des colonies n'exigeant habituellement que 5 à 6 batteries à pied, on se demande à quoi serviront les 22 batteries de cette catégorie que comprend le régiment. La marine, comme on le sait, en utilise aujourd'hui une partie pour la défense de nos ports militaires dont elle est chargée; si elles doivent continuer à recevoir cette destination, mieux vaudrait peut-être les laisser où elles sont, et, dans tous les cas, il est tout-à-fait inutile de ranger dans les troupes coloniales qui doivent se recruter d'une manière particulière et fort onéreuse, des batteries appelées à servir à Toulon, à Brest ou à Cherbourg, c'est-à-dire d'une manière complètement sédentaire.

La nouvelle loi ne prévoit, parmi les troupes coloniales, ni cavalerie, ni génie, ni train des équipages; elle maintient toutefois une compagnie existante de ce dernier corps, dite des conducteurs sénégalais, mais au lieu de la mettre à la suite de l'un de nos escadrons du train, ce qui eût été tout naturel, elle la place dans l'artillerie coloniale, sans doute par imitation de ce qu'a fait la marine, qui, à défaut d'autre moyen, l'avait aussi rangée dans ses troupes d'artillerie. Mais de tels errements ne devaient pas se rencontrer dans l'armée de terre, et il n'en peut

---

de la garde, que 10 musiciens, y compris le chef ; or, quiconque a vu un régiment allemand a pu remarquer que sa musique avait au moins autant d'exécutants que les nôtres qui, d'après la loi des cadres, doivent en compter 40. La vérité est qu'en Allemagne, pas plus qu'en France, on n'a découvert le secret de faire quelque chose avec rien.

sortir que de la confusion. On admet donc que, lorsque l'emploi des troupes que nous venons de citer deviendra nécessaire dans l'une quelconque de nos colonies, on aura recours à des détachements empruntés à l'armée continentale. Or, ces détachement seront composés d'hommes du recrutement ordinaire, et quand même ceux-ci se présenteraient volontairement, il n'y en aurait pas moins une espèce d'illégalité, ou, si l'on veut, d'injustice, à les faire marcher côte à côte avec d'autres hommes attirés ou maintenus au service au moyen de primes.

L'omission, préméditée ou non, des troupes du génie parmi les troupes coloniales est surtout regrettable, en ce sens qu'elle semble indiquer que ceux qui l'ont commise ne connaissent ni ces troupes ni le genre de service que l'on en tire. Cependant, sans parler des Anglais, des Espagnols, des Hollandais, des Portugais, c'est-à-dire de tous les peuples qui ont des possessions coloniales et qui tous y entretiennent des troupes du génie, nos compagnies de sapeurs ont pris part jusqu'ici à toutes nos expéditions d'outre-mer et à la fondation de presque tous nos établissements coloniaux. Ainsi on les a vus successivement combattre et travailler à Taïti, à Mayotte, au Sénégal, en Cochinchine, au Mexique. En Algérie, dans les premières années de la conquête, les trois régiments de l'arme y ont détaché, à la fois, jusqu'aux deux tiers de leur effectif ; ils y ont rendu des services ineffaçables, parce qu'ils savent user à la fois de la pioche et du fusil. Lors des grandes expéditions qui ont préparé la pacification du pays, le maréchal Bugeaud, qui appréciait les sapeurs du génie pour les avoir vus à l'œuvre, les avait groupés en un bataillon qu'il avait qualifié « bataillon d'élite », et qu'il faisait constamment camper près de lui. Mais à quoi bon évoquer l'expérience du passé quand nous voyons ne pas tenir compte même de celle du temps présent ; car, chacun le sait, l'insuffisance numérique des troupes du génie s'est fait cruellement sentir au Tonkin, et, cela est humiliant à avouer, nous avons engagé l'expédition dans des conditions qui, sous le rapport du personnel de cette arme et de son outillage, étaient peut-être inférieures à celles des Chinois [1].

---

[1] On sait que, pour la défense de Tuyen-Kan, le colonel Dominé n'a disposé que de 8 sapeurs du génie, dont un sergent, et de 40 outils. La colonne

Les officiers généraux placés actuellement à la tête des troupes de la marine, et dont ils sont les inspecteurs permanents, doivent passer, purement et simplement, dans l'état-major général de l'armée; aucune disposition légale ne règle les conditions dans lesquelles ces troupes se trouveront sous le rapport du commandement supérieur, et, par le fait, elles seront en quelque sorte isolées. Dans tous les cas, elles seront en moins bonne situation que les autres troupes de l'armée de terre qui, étant constamment embrigadées ou endivisionnées, ont, dans les généraux qui les commandent, des défenseurs attitrés de leurs droits, et il en résulte que l'autonomie, conservée comme une faveur aux troupes de la marine, leur sera peut-être plus nuisible qu'utile et pourra bien tourner à leur détriment.

Enfin, aux termes de la nouvelle loi, le service des établissements militaires des colonies sera naturellement confié désormais à des officiers et fonctionnaires de l'armée de terre. Ceux de l'artillerie passeront dans les mains des officiers de l'état-major particulier de cette arme, lequel sera renforcé par les officiers de l'artillerie de marine que celle-ci ne jugera pas nécessaire de garder pour le service de ses arsenaux. Il en est de même des établissements du génie, mais avec cette différence que cette arme devra faire face à ce surcroît d'attributions avec le personnel dont elle dispose en ce moment. On sait qu'il y a peu d'années, le génie était déjà chargé de ce service et qu'il y affectait des officiers prêtés à la marine et mis hors cadres; on sait également qu'il a dû y renoncer par suite de son insuffisance numérique, et que la marine s'est trouvée dans l'obligation d'improviser officiers du génie un certain nombre de ses officiers d'artillerie, plus ou moins préparés à remplir ces nouvelles fonctions. Le mieux eût donc été, ou bien de faire aussi passer ces officiers dans le génie à titre de renfort de son effectif, ou bien de revenir aux anciens errements, et de placer hors cadres les officiers envoyés aux colonies. Pour quel motif n'a-t-on pris

---

de Lang-Son n'en a emmené qu'un très petit nombre. A Formose, pour nos opérations devant Kélung, le colonel Duchesne n'en a pas eu un seul. Nous croyons qu'il en est de même à Madagascar; et si les dispositions de la loi sont réellement l'expression des idées du jour, on peut craindre que, dans les opérations qui vont s'engager probablement sur ce point, on ait à constater encore notre manque de prévoyance à l'endroit des troupes du génie.

ni l'une ni l'autre de ces deux mesures? Il est probable que l'on a encore cédé à une idée que l'on peut voir exprimée couramment dans certains journaux et même dans les rapports des commissions parlementaires, à savoir que notre état-major du génie est atteint de pléthore ; or, comme nous avons eu l'occasion de le démontrer ici même dans une précédente étude, cette idée est archi-fausse; elle n'a pu germer que dans la tête de gens ignorants ou mal renseignés, et quiconque est au courant des choses sait, au contraire, que le service du génie cesserait d'être assuré à l'intérieur en temps de paix, si on n'avait la ressource d'y employer des officiers empruntés aux troupes de l'arme au détriment de leur instruction militaire.

La seconde partie de la loi est relative à la composition des troupes d'Afrique; au premier abord, elle paraît beaucoup plus heureusement conçue, et pourtant elle ne laisse pas encore de prêter à la critique. Nous dirons tout de suite que l'on ne peut qu'applaudir à l'augmentation prévue pour les troupes d'infanterie et de cavalerie, puisqu'elle permettra de rappeler en France les bataillons et escadrons détachés de l'armée continentale, et que l'on a dû envoyer dans la région lors des derniers mouvements insurrectionnels et lors de l'occupation de la Tunisie. Mais nous n'approuvons pas la création de quatre bataillons de zouaves destinés à servir de réserve disponible, parce que cette réserve, en supposant les bataillons portés au grand effectif de guerre, ne donnerait qu'un chiffre de 4,000 hommes qui est notoirement insuffisant; parce qu'il est inutile et onéreux de les faire stationner en permanence en Algérie; parce qu'enfin il est possible et même facile de résoudre la question d'une manière plus large, plus satisfaisante, et en faisant appel à des ressources déjà existantes.

Nos législateurs, après s'être montrés inflexibles, comme on l'a vu, à l'endroit du dédoublement des régiments de la marine, n'ont pas hésité cependant à réunir les batteries *bis* actuellement stationnées en Afrique, en un régiment dont il faudra, par suite, créer l'état-major et le peloton hors rang. Les motifs allégués pour justifier cette formation sont qu'elle favorisera l'instruction des officiers et des hommes de troupe. La composition du régiment sera la suivante : quatre batteries à pied ou de forteresse, huit batteries montées ou de montagne, puis quatre autres batteries qui seront créées de toutes pièces, et qui, avec les quatre bataillons de zouaves, constitueront notre réserve disponible.

Les objections se présentent en foule contre la formation de ce régiment. On se demande d'abord en quoi son instruction pourra en profiter, quand tous les éléments qui le composent sont constamment détachés, non-seulement par batterie, mais même par fraction de batterie. On verra, en second lieu, dans ce régiment le mélange de troupes de campagne et de forteresse que nous avons déjà reproché à l'organisation du régiment de la marine. D'un autre côté, il n'est pas du tout nécessaire de faire stationner en Afrique notre réserve disponible d'artillerie; ce chiffre de quatre batteries nous paraît aussi insuffisant, et enfin on peut aussi se procurer le nécessaire sans recourir à de nouvelles créations. Nous indiquerons plus loin comment doivent être organisées, suivant nous, les troupes d'artillerie de l'armée d'Afrique, mais nous pouvons dire tout de suite qu'elles doivent être rattachées à la 19e brigade de l'arme, qui a été créée, par la loi des cadres, pour le 19e corps d'armée, c'est-à-dire pour les troupes d'Afrique, et dont on nous paraît avoir ici oublié l'existence.

Quant aux troupes auxiliaires de l'artillerie, la nouvelle loi admet, ce qui est juste, qu'elles seront tirées des corps de l'intérieur. Il en est de même des troupes du génie; mais ici encore on nous paraît avoir oublié qu'il existe un 19e bataillon de sapeurs créé par la loi des cadres pour le service du 19e corps, et dont, par conséquent, la place est toute marquée en Algérie, sauf à régler les quelques mesures de détail que nécessite son recrutement.

Mais, où la nouvelle loi s'est montrée d'une générosité qui, suivant nous, ressemble énormément à de la prodigalité, c'est à l'égard du train des équipages, ce qui est d'autant plus extraordinaire qu'il s'agit de troupes dont les services sont certainement précieux et très méritoires, mais qui, en somme, sont des non-combattants. Elle admet, en effet, que les compagnies qui sont actuellement en Algérie seront portées au nombre de seize, et qu'elles seront groupées en quatre escadrons formant corps, d'où résulte la formation de quatre nouveaux états-majors et pelotons hors rang. Pour l'artillerie, comme on l'a vu, elle admet que le même nombre de batteries ne formera qu'un seul régiment. Or, dans le train, les questions de commandement et d'instruction militaire se réduisent à peu de chose; les seules difficultés qui se présentent sont celles de l'administration de détachements multipliés, pour ainsi dire, à l'infini; suivant nous, on les résoudra tout aussi bien avec un seul centre administratif qu'avec quatre, à la condition, toutefois, qu'il soit outillé en conséquence. L'envoi, à titre permanent, du 19e escadron du train en Algérie nous semble donc encore ici tout indiqué. D'un autre côté, la partie de l'Algérie voisine du littoral et celle des hauts plateaux sont sillonnées aujourd'hui de bonnes routes et même de voies ferrées, et ce n'est guère que dans la région sud que le train doit opérer; dès lors, on ne s'explique pas trop pourquoi la loi lui accorde seize compagnies quand, croyons-nous, le précédent Ministre de la guerre n'en avait demandé que douze, et il avait sans doute ses raisons pour cela. Enfin, on ne comprend pas non plus pourquoi le train ne se recrute pas en partie dans l'élément indigène, notamment pour les détachements affectés aux postes de l'extrême sud; on ne craint pas de s'adresser à cet élément pour avoir des soldats de cavalerie et d'infanterie, et nous ne voyons pas pourquoi on n'en tirerait pas aussi des soldats du train.

Telles sont, très succinctement résumées et même écourtées, les principales observations que nous a suggérées l'étude de la nouvelle loi sur les troupes coloniales, et qui nous permettent de conclure que non seulement cette loi ne constitue pas un progrès, mais qu'elle ne fait qu'aggraver quelques-uns des inconvénients de l'état de choses actuel, qu'elle n'augmente pas sensiblement nos ressources pour l'établissement ou la consolidation de notre domaine colonial, et qu'en un mot elle est au-dessous des nécessités du temps présent aussi bien que de celles de l'avenir. Comme nous l'avons rappelé en commençant, nos législateurs l'ont qualifiée eux-mêmes *loi de transaction ou de transition*. C'est *loi de déception* que l'on aurait dû dire. Mais, après nos critiques peut-être un peu vives, nous avons le devoir de faire connaître comment, suivant nous, les questions soulevées auraient pu, ou plutôt peuvent encore, être résolues; nous le ferons très brièvement, parce que nous sommes conduit à reproduire des propositions que nous avons déjà eu l'occasion de formuler antérieurement ici même, et que nous craignons d'abuser, par nos répétitions, de la patience de ceux qui prennent la peine de nous lire.

Nous commençons par la composition à donner aux troupes d'Afrique, et, comme on l'a vu, nous acceptons les formations nouvelles prévues pour les troupes d'infanterie et de cavalerie, avec cette restriction que les régiments de zouaves seront portés à cinq bataillons et non à six.

Comme on l'a vu aussi, nous pensons que les troupes d'artillerie nécessaires dans la région seront fournies par la 19e brigade, et qu'il n'est pas utile de faire stationner en permanence en Algérie les batteries formant la réserve disponible. Le complet à prévoir s'élève donc à 12 batteries; savoir : 8 batteries montées ou de montagne et 4 batteries de forteresse. Ces 12 batteries existent déjà sous le nom de batteries *bis*. A cet effet, les 2 régiments de la brigade seront portés chacun à 13 batteries; soit, pour l'ensemble de la brigade, une augmentation de 3 batteries, provenant, bien entendu, des batteries *bis;* puis chacun d'eux détachera constamment 4 batteries montées ou de montagne, et la 13e batterie formera le dépôt. Les batteries détachées seront commandées, si on le juge nécessaire, par le lieutenant-colonel et par l'un des chef d'escadron du régiment. Il sera, en outre, créé un bataillon d'artillerie de forteresse, absolument conforme à ceux existants, et dans lequel prendront rang 6 autres batteries *bis;* ce bataillon sera rattaché à la 19e brigade; 4 de ses batteries, avec le chef du bataillon, seront détachées en Algérie; les deux autres, formant le dépôt, seront stationnées en France, et, par exemple, dans la garnison de la brigade. Il est facile de voir que, dans ces conditions, tous les inconvénients que nous avons reprochés à la nouvelle loi disparaissent; qu'à la création d'un état-major de régiment nous substituons celle, beaucoup plus simple et moins onéreuse, d'un état-major de bataillon de forteresse, et qu'en outre nous arrivons, comparativement aux prévisions de la loi, à la suppression de 7 batteries, sauf à constituer d'une autre manière la réserve expéditionnaire disponible.

Le 19e bataillon du génie en entier sera établi à demeure en Algérie, sans cesser d'être rattaché à son régiment d'origine, et, par conséquent, il n'y aura à créer pour lui ni état-major spécial ni peloton hors rang. Il sera recruté, soit par des engagés ou rengagés avec prime, soit par des hommes pris chaque année dans les quatre régiments de l'arme et choisis de préférence parmi ceux qui se présenteront volontairement. Le détachement de sapeurs-conducteurs actuellement affecté à l'Algérie disparaîtra comme unité de commandement et d'administration; les hommes et animaux qui le composent seront versés par quart dans chacune des compagnies du 19e bataillon, non pas à titre de *subsistants*, mais bien comme parties intégrantes. Cette petite disposition, qui ne peut causer aucune difficulté, permettra de faire économie des sous-officiers comptables et des deux officiers qui commandent ledit détachement.

Le 19e escadron du train des équipages sera également transféré en Algérie, et tant avec les compagnies qu'il possède déjà qu'avec celles qui sont dans la région, il sera porté à 12 compagnies. A la tête de l'escadron sera mis le colonel ou le lieutenant-colonel prévu par la loi des cadres pour commander les troupes du train en Algérie; son état-major sera renforcé suivant ce que comportent les besoins, et en outre du colonel il pourra comprendre quatre chefs d'escadron, dont un remplira les fonctions de major. Le nombre des officiers comptables et l'effectif du peloton hors rang seront réglés à peu près sur les mêmes bases que dans un régiment d'artillerie. Quelques compagnies, dont le nombre est à déterminer, et particulièrement celles qui n'ont pas de voitures, seront recrutées parmi les indigènes. De cette façon et comparativement aux prévisions de la nouvelle loi, les troupes dont il s'agit seront réduites de 7 compagnies, et on fera en outre l'économie de 4 états-majors et pelotons hors rang d'escadron; mais cette économie sera un peu atténuée par la composition plus forte donnée au 19e. Enfin, des dispositions seront prises pour répartir, entre les 18 escadrons de l'intérieur, les services divers autres que ceux du 19e corps d'armée, auxquels doit pourvoir aujourd'hui le 19e escadron dans le cas d'une mobilisation générale de l'armée.

Nous passons ensuite à l'organisation des troupes coloniales, et, ainsi que nous avons pu le prévoir par ce que nous avons dit plus haut, nous proposons de n'y procéder qu'après un partage préalable du service militaire aux colonies entre le ministère de la guerre et celui de la marine. Nous n'avons pas entre les mains tous les éléments nécessaires pour l'opérer en toute connaissance de cause, attendu qu'on peut y faire entrer des considérations étrangères aux choses militaires; cependant, nous ne croyons pas trop nous éloigner de ce qu'il en adviendra, en admettant que la part du ministère de la guerre comprendra tous nos établissements dans l'Indo-Chine, et peut-être aussi ceux de la côte occidentale d'Afrique, ainsi que ceux de Madagascar, si ces derniers doivent être prochainement développés. Quant à celle de la marine, elle se composera naturellement du reste de nos colonies.

Tout cela n'est, nous le répétons, donné qu'à titre d'indication et pour faire prendre corps à notre proposition de partager, en conséquence, les troupes coloniales entre les deux départements. Celles conservées par la marine seront, comme aujourd'hui, composées d'infanterie et d'artillerie; elles formeront 4 régiments, savoir : 3 régiments d'infanterie à 24 compagnies chacun, et 1 régiment d'artillerie à 10 batteries. Il est à remarquer que la marine ne disposera plus alors des batteries qui lui sont nécessaires pour la défense des ports militaires dont elle est chargée; à la rigueur, on pourrait, pour cet objet, attribuer 12 batteries de plus à son régiment d'artillerie. Mais, comme nous l'avons dit, le service de ces batteries n'a rien de commun avec le service colonial; il n'est pas besoin de les recruter d'une manière spéciale, et, tout compte fait, pour ne pas apporter de confusion dans le recrutement des troupes de la marine, nous proposons d'y pourvoir par la création de deux bataillons d'artillerie de forteresse ou de côte, faisant partie de l'armée de terre ou continentale, tenant garnison dans les ports militaires et placés sous les ordres des commandants de ceux-ci. Ces deux bataillons seront formés aux dépens du régiment d'artillerie coloniale prévu par la nouvelle loi; la dépense à faire pour en créer les états-majors sera compensée par la suppression pure et simple des deux compagnies d'ouvriers que la marine veut passer à la guerre et qui nous paraissent tout à fait inutiles.

Quant au recrutement des troupes de la marine, il s'opérera dans les formes édictées par la nouvelle loi, et, de plus, au moyen des contingents de quelques-unes de nos colonies, qui, comme l'ont demandé leurs députés, seront soumis à la loi commune sous le rapport de la durée du service, tant dans l'activité que dans la réserve ou dans l'armée territoriale. La moitié des jeunes gens provenant de ces derniers contingents seront affectés aux régiments d'infanterie et à celui de l'artillerie; en principe, ils seront envoyés d'abord dans les dépôts; là ils recevront l'instruction militaire et apprendront que le sol de la patrie ne se compose pas seulement du coin de terre où ils sont nés, puis ils seront dirigés ensuite sur des colonies autres que leur pays d'origine. Mais la règle à cet égard ne sera pas absolue, et l'autorité compétente pourra y apporter tels tempéraments qu'elle jugera convenables.

On aura ainsi disposé de la moitié des troupes d'infanterie de marine prévues par la nouvelle loi, et de 22 batteries sur 28 que doit comprendre le régiment d'artillerie. Dans ces conditions, nous pensons que la marine sera en état de parer à tous ses besoins, et nous espérons qu'il ne viendra plus à l'idée de personne d'abuser de ses troupes et de les envoyer guerroyer un peu partout, comme on l'a fait jusqu'à présent, ce qui devait amener infailliblement l'épuisement de leurs cadres, et a causé la plupart des difficultés auxquelles on s'efforce de remédier en ce moment. Il est à peine besoin d'ajouter qu'elle conservera les états-majors et les services administratifs nécessaires, réduits dans la proportion voulue.

Pour le service et la défense des établissements coloniaux passés dans le ressort du département de la guerre, il sera créé un 20e corps d'armée affecté spécialement auxdits établissements. Il comprendra des troupes nationales et des troupes locales ou indigènes qui se recruteront suivant les prescriptions édictées par la nouvelle loi. La seconde moitié des contingents provenant des colonies y sera incorporée dans les mêmes conditions que l'autre moitié déjà affectée aux troupes de la marine, et, par conséquent, avec les tempéraments jugés nécessaires.

Les états-majors et les divers services fonctionneront comme en Algérie; ils seront alimentés par les corps de l'armée continentale. Les officiers et les fonctionnaires seront choisis, s'il est possible, parmi ceux qui se présenteront volontairement [1]; ils

[1] Cette disposition, prévue d'ailleurs par la nouvelle loi, sera appliquée

seront placés hors cadres et jouiront de tous les avantages accordés aux troupes coloniales. En principe, le commandant en chef du 20e corps résidera dans l'Indo-Chine. Des dispositions spéciales seront prises pour les garnisons des autres colonies, dont les commandants pourront, le cas échéant, correspondre directement avec le Ministre de la guerre.

La composition des troupes et des états-majors du 20e corps sera réglée par des décrets du Président de la République, suivant les nécessités et dans les limites déterminées par les lois de finances. Ce corps comprendra des troupes de toutes armes, dont la tenue et l'armement seront appropriés à leur service spécial et réglés également par décrets. Pour le moment, et indépendamment des corps indigènes d'infanterie et des corps disciplinaires dont la situation édictée par la nouvelle loi ne sera pas modifiée, les corps de troupe faisant partie du 20e corps d'armée seront les suivants :

1° Quatre régiments d'infanterie coloniale, numérotés de 1 à 4 et ayant chacun 4 bataillons et 2 compagnies de dépôt. Ces régiments seront formés au moyen des 72 compagnies d'infanterie de marine restant disponibles après l'organisation des 3 régiments dont nous avons parlé plus haut, et de l'un des états-majors des régiments de marine actuels. Il y aura ainsi à créer trois états-majors et trois pelotons hors rang nouveaux ; la dépense qui en résultera sera couverte ainsi qu'il sera indiqué ci-après. La faculté de relever les cadres par voie de simples permutations entre les officiers, et, au besoin, entre les sous-officiers de ces régiments et ceux de l'armée continentale, permettra de ne garder habituellement, à l'intérieur, que les compagnies de dépôt ; elles seront établies dans des ports, militaires ou non, de l'Océan ou de la Méditerranée.

2° Un régiment de cavalerie mixte composé de chasseurs et de spahis, ces derniers devant être plus tard remplacés, s'il est possible, par des indigènes de l'Annam ou du Tonkin. On fera entrer dans la première formation les escadrons de chasseurs d'Afrique et de spahis détachés en ce moment au Tonkin, ainsi que l'escadron de spahis détaché au Sénégal, soit 5 escadrons ; un 6e ser-

---

aussi aux corps de troupe, et en général les désignations d'office n'auront lieu qu'à défaut de volontaires.

vant de dépôt sera créé, et pourra être stationné en Algérie, tant du moins que les spahis actuels n'auront pu être remplacés dans le régiment. Les escadrons ainsi prélevés sur les régiments de l'Algérie y seront remplacés par de nouveaux escadrons à créer. Tous les frais en résultant seront facilement couverts par l'orga nisation que nous avons proposée pour le 19e escadron du train des équipages, laquelle conduit, comme on l'a vu, et comparativement à la nouvelle loi, à une réduction de 7 compagnies.

3o Une brigade d'artillerie composée d'un régiment à 12 batteries montées ou de montagne, dont une servant de dépôt, et d'un bataillon d'artillerie de forteresse à 6 batteries. Dans la formation de ce dernier entreront les batteries, précisément au nombre de 6, provenant du régiment d'artillerie de marine, et que nous n'avons pas encore utilisées. Dans celle du régiment entreront d'abord les 7 batteries devenues disponibles en Algérie par suite de la modification apportée à l'organisation des régiments de la 19e brigade; le reste, y compris l'état-major, sera obtenu moyennant la suppression des deux régiments de pontonniers, sur laquelle nous croyons que tout le monde est d'accord aujourd'hui; 5 compagnies provenant de ces régiments qui en comprennent 28, seront ainsi employées.

4o Un bataillon du génie à 4 compagnies, plus un nombre indéterminé de compagnies de sapeurs indigènes. Ce bataillon, qui prendra le no 20 sera rattaché, comme le 19e, à un des régiments de l'arme, et viendra prendre la place de l'ancien 20e bataillon qui, comme on le sait, a été récemment affecté au service des chemins de fer. Il sera donc à créer de toutes pièces, mais les frais qui en résulteront seront couverts par la suppression d'un même nombre de compagnies de pontonniers. L'une des compagnies du bataillon lui servira de dépôt et sera, en conséquence, stationnée dans le lieu où le régiment tient garnison.

Enfin, le 20e escadron du train des équipages sera, en entier, affecté au 20e corps, avec un nombre de compagnies dépendant des nécessités du service, et on s'efforcera de faire entrer dans son recrutement le plus d'indigènes qu'il sera possible. A cet escadron sera rattachée la compagnie de conducteurs sénégalais. Les autres troupes d'administration seront réglées, quant à leur nombre, en raison de besoins locaux que nous ne sommes pas en mesure d'apprécier.

Nous espérons qu'avec cette composition, le 20e corps sera en état d'assurer le service normal des colonies dépendant du ministère de la guerre. Du reste, la répartition que nous avons faite des troupes de la marine est, nous le répétons, tout à fait arbitraire, surtout en ce qui concerne l'infanterie, et si l'on trouvait trop faible la part que nous avons attribuée soit aux nouveaux régiments de la marine, soit à ceux de l'infanterie coloniale, rien ne serait plus facile que de l'augmenter aux dépens des uns ou des autres.

Il nous reste encore à résoudre la question des réserves disponibles. On sait déjà que nous proposons de renoncer à la création, prévue pour cet objet par la nouvelle loi, de 4 bataillons de zouaves et de 4 batteries, mis à la suite des corps d'Algérie. Nous avons dit que cette réserve qui, au grand maximum, ne dépasserait pas le chiffre de 5,000 hommes, nous paraît beaucoup trop faible, mais nous ne l'avons pas démontré. Or, ici, les faits parlent eux-mêmes et il suffit de supputer le nombre des bataillons que l'on a dû envoyer au Tonkin à titre de renfort des troupes de la marine, pour se convaincre de la complète insuffisance de cette réserve, et, s'il reste quelques doutes dans les esprits à cet égard, ils ne résisteront pas certainement à cette considération que la nouvelle loi diminue, d'autre part, nos ressources actuelles, au lieu de les augmenter, attendu que les régiments d'infanterie de marine qu'elle crée seront ramenés à un total de 144 compagnies, tandis que les régiments qui existent en ce moment en comptent 170, si ce n'est plus.

Une autre considération s'oppose péremptoirement, suivant nous, à la création des 4 bataillons de zouaves dont il s'agit : c'est que nous possédons, en dehors de la formation carrée et symétrique de nos corps d'armée de 1re ligne, des ressources en unités tactiques d'infanterie qui se présentent, pour ainsi dire, à foison, et qui sont les 4es bataillons non désignés pour les garnisons des places, les 2 compagnies de dépôt de chaque régiment et les 12 bataillons de chasseurs indépendants. Ces ressources, si nombreuses et si précieuses, ne sont pas très visibles aujourd'hui, parce qu'elles sont disséminées, sans liaison entre elles, mais le jour où l'on voudra les agencer d'une manière rationnelle, l'organisation de cette partie de notre armée prendra un aspect réellement formidable.

Pour notre compte, nous avons toujours cru que c'est au moyen desdites unités tactiques de l'infanterie, restées en dehors de nos formations de 1re ligne, que l'on doit constituer nos corps de troupes disponibles ; nous avons déjà maintes fois exprimé, ici même, notre opinion à cet égard. Toutefois, nous écartons tout d'abord les 4es bataillons, parce que nous ne savons pas combien la défense de nos places fortes en laisse de non employés, puis aussi, nous devons le dire, parce qu'il faudrait les grouper en régiments de marche, et que nous avons cet expédient en horreur; nous admettons que l'on puisse, à la rigueur, se résigner à le subir dans quelques circonstances de guerre, mais non qu'on l'érige en système plus ou moins permanent. Nous ne craignons pas que l'expérience qui vient d'être faite au Tonkin nous donne un démenti sur ce point.

Donc, en définitive, c'est aux compagnies de dépôt et aux bataillons de chasseurs que nous allons nous adresser, et, sans revenir sur des justifications que nous avons déjà présentées dans nos précédentes études, nous proposons de prendre chacun de ces bataillons comme base de la formation d'un régiment de réserve ou disponible, puis d'emprunter aux dépôts de l'infanterie le nombre de compagnies nécessaires pour porter chacun des nouveaux régiments à 4 bataillons, plus une compagnie de dépôt qui sera naturellement celle du bataillon de chasseurs actuel. Nous emploierons ainsi 144 compagnies d'infanterie, de sorte que tous les dépôts seront uniformément réduits à une compagnie; c'est, à ce que disent les journaux, ce que l'on a l'intention de faire partiellement, si la division de réserve récemment formée doit entrer prochainement en campagne.

Ces dispositions si simples et en même temps si logiques, car elles ne mettent en œuvre que les ressources déjà existantes, feront surgir immédiatement 12 régiments qu'il sera très essentiel de différencier des régiments d'infanterie de ligne par quelque détail de tenue (nous avons déjà demandé les boutons et les galons en métal blanc) et par leur nom. On les appellera régiments de grenadiers, de voltigeurs ou de fusiliers. Chacun d'eux détachera, en permanence, son 4e bataillon qui sera dénommé bataillon alpin ou de montagne, et qui viendra prendre la place de nos bataillons de chasseurs sur la frontière de l'Est. Quant aux régiments proprement dits, réduits chacun à 3 bataillons, ils seront constitués en 3 belles divisions d'infanterie indépendante ; l'une d'elles, toujours prête à entrer en campagne, sera stationnée à Lyon, par exemple; les deux autres, également prêtes à la suivre, seront habituellement établies sur la ligne de défense de la Meuse, avec une destination et dans des localités que nous avons autrefois décrites.

La plus grosse objection que l'on puisse opposer à notre proposition porte certainement sur la création des états-majors des nouveaux régiments, et, par le fait, après ce qui vient de se passer à propos du dédoublement des régiments de la marine, à chacun desquels on ne craint pas de laisser 9 bataillons, soit, en temps de guerre, un effectif de 9,000 à 10,000 hommes, il y a peut-être plus que de la témérité à s'engager dans la voie que nous conseillons de suivre. Pourtant, nous ne perdons pas courage, parce qu'il nous est facile de démontrer qu'en somme notre solution a sur celle de la nouvelle loi l'avantage d'être plus économique. En effet, la loi des cadres attribue à l'état-major d'un régiment d'infanterie 15 officiers, non compris les médecins : soit, pour 12 régiments, 180 emplois à créer. Mais il faut déduire de ce chiffre : 1° 60 officiers déjà compris dans l'état-major des bataillons de chasseurs, et 2° les 56 officiers des 4 bataillons de zouaves prévus par la loi ; les nouveaux emplois se réduisent, par suite, à 74 seulement. Quant au chiffre de la dépense, il s'élève à un peu plus de 500,000 francs par an. D'un autre côté, l'effectif des hommes de troupe des 4 bataillons de zouaves est, d'après la loi des cadres, d'environ 2,400; en comptant la dépense annuelle de chaque homme à 500 francs, on arrive à un chiffre total de 1,200,000 francs, présentant avec le chiffre ci-dessus une différence de 700,000 francs. Toutefois, la section hors rang de nos bataillons de chasseurs sera insuffisante quand ceux-ci auront été transformés en régiments ; il faudra la renforcer, et nous comptons, de ce chef, sur une augmentation de 500 hommes de troupe, en supposant que les sapeurs soient comptés dans l'effectif des compagnies, et que la musique soit remplacée par une fanfare de 25 exécutants; 500 hommes à 500 francs donnent 250,000 francs, de sorte que la différence finale est de 450,000 francs. Un peu moins de la moitié de cette somme nous servira à couvrir la dépense causée par la création de l'état-major de nos régiments d'infanterie coloniale; le reste sera bel et bien économisé.

L'organisation des trois divisions d'infanterie indépendante étant décidée, on en déduira évidemment celle des troupes d'artillerie de réserve ou disponibles, lesquelles devront comprendre le nombre de batteries nécessaires pour ces divisions, c'est-à-dire, au minimum, 12 batteries de campagne. On pourra recourir pour leur organisation aux deux procédés suivants : ou bien elles seront constituées en trois groupes divisionnaires de 4 batteries chacun, rattachés pour l'administration, le recrutement et l'instruction à des régiments de l'armée continentale, ou bien elles formeront un nouveau régiment auquel on ajoutera une batterie de dépôt et que l'on rattachera à l'une des brigades de l'intérieur. Dans tous les cas, le personnel de ces batteries proviendra des régiments de pontonniers supprimés, et non seulement il n'en résultera aucune dépense nouvelle, mais bien une économie correspondant à l'entretien de 400 à 500 hommes de troupe.

Pas plus qu'elle ne le fait pour les troupes coloniales, la nouvelle loi ne prévoit, pour les réserves disponibles, d'autres troupes que celles de l'infanterie et de l'artillerie. Cette omission ou cette inconséquence peuvent être facilement réparées, en ce qui concerne les troupes du génie : il suffira de changer l'affectation de la compagnie de dépôt de chacun des régiments de l'arme qui, en l'état présent, nous paraît inutile, du moins pour le temps de paix, et de décider que cette compagnie sera toujours prête à marcher avec l'une des divisions d'infanterie indépendante. Il n'en résultera aucune dépense; toutefois, cette compagnie devra être pourvue d'un capitaine en 2d pris dans les cadres de l'état-major particulier, qui n'en sera pas appauvri sensiblement, attendu que cet officier restera détaché tant que sa compagnie ne sera pas appelée à marcher.

La question est plus délicate pour la cavalerie, et même, telle que nous la concevons, elle ne peut être convenablement résolue que par un remaniement des cadres de cette arme que d'autres considérations rendent imminent, mais dont nous ne saurions nous occuper ici sans nous éloigner considérablement de notre sujet. Nous nous bornons à dire que ce remaniement doit conduire, non pas à la réduction, mais bien à une meilleure utilisation des cadres de la cavalerie; nous espérons qu'alors on ne les trouvera pas, comme on le prétend, trop touffus et que l'on en tirera, comme pour les autres armes, les éléments d'une bonne réserve disponible. Nous ne cesserons d'ailleurs de le répéter : jamais, au moment de la guerre, nous n'aurons trop de cadres, et nous devons faire tous les sacrifices possibles pour conserver ceux que nous possédons aujourd'hui; ceux qui pensent ou veulent agir autrement nous paraissent préparer la ruine, ou, si l'on veut, l'amoindrissement de notre pays. Plus tard, quand l'institution des officiers de réserve sera mieux comprise chez nous, quand l'état de nos mœurs et de nos idées sera devenu tel que l'obtention d'un brevet d'officier de cette catégorie soit regardée comme un très grand honneur, quand on aura joint audit brevet un certain nombre de privilèges et qu'on en aura fait le corollaire obligé des fonctions publiques les plus élevées, peut-être pourra-t-on songer alors à ramener les cadres permanents de l'armée à des proportions plus modestes et moins onéreuses; mais tant que nous n'en serons pas arrivés là, nous devons nous attacher à modifier l'œuvre du législateur de 1875 partout ou cela est nécessaire, mais non à la réduire.

Ainsi qu'on a pu le remarquer, nous avons eu le soin de mettre à l'appui de nos propositions l'indication des moyens d'exécution qu'elles nécessitent, et tous ces moyens ont été empruntés soit à des ressources déjà existantes, soit à celles que la nouvelle loi entend créer; par conséquent, au point de vue financier du moins, rien ne s'oppose à ce que nos idées soient adoptées. D'un autre côté, les ressources existantes auxquelles nous nous adressons sont de celles dont la forme présente est journellement discutée, et dont, par suite, l'utilité dans ladite forme est loin d'être positivement démontrée. Enfin, notre proposition de partager les colonies entre le département de la guerre et de la marine perd tout ce qu'elle peut avoir de chimérique en présence du fait accompli, car c'est le Ministre de la guerre seul qui aujourd'hui est chargé de la conduite des opérations dans l'Indo-Chine. Toutes ces raisons nous permettent d'espérer que notre petit travail ne sera pas tout à fait inutile.

Paris.—Imprimerie L. Baudoin et C°, rue Christine, 2.

www.ingramcontent.com/pod-product-compliance
Ingram Content Group UK Ltd.
Pitfield, Milton Keynes, MK11 3LW, UK
UKHW020529230726
13925UKWH00005B/2260